Escrito por Jean-Pierre Verdet
Ilustrado por Christian Broutin,
Henri Galeron y Pierre-Marie Valat

El cielo,
el Sol y el día

Altea

¿Podrías vivir sin Sol?

¡Por supuesto que no! Necesitas su calor y su luz. Los hombres de la Prehistoria ya se habían dado cuenta de su importancia. Hace cuatro mil años, construyeron monumentos en su honor.

El más célebre es **Stonehenge,** en Gran Bretaña. Es un círculo de enormes piedras erguidas. A un lado se encuentra una piedra grande y solitaria. Este templo también es un observatorio: si te colocas en el centro del círculo la mañana del 21 de junio, el día más largo del año, ¡verás al Sol levantarse justo detrás de la gran piedra erguida! Es un espectáculo muy hermoso.

Ese día es el primero del verano. Anuncia los meses más calientes del año.

<u>Los hombres siempre han inventado cuentos y leyendas acerca del Sol.</u>

Para los **Sumerios,** que vivían
en Mesopotamia hace ya
5 000 años, ¡el Sol era un dios!
Cada mañana, los hombres escorpión
le abren las puertas de la caverna
del Este, después, el Sol sube
a la cima de la montaña y parte
hacia el cielo en su carro brillante
de luz. El Sol que vemos es una
de las ruedas del carro.
Por la tarde, el Sol desaparece
en la montaña por la puerta
de la caverna del Oeste,
que los hombres escorpión cierran
tras su paso.

Para los **<u>antiguos egipcios</u>**
el Sol también era un dios, ¡incluso
varios dioses a la vez! Su disco
luminoso es el dios Atón. Cuando
el Sol se levanta, es el dios
Khepri; cuando sube más alto
en el cielo, es Ra. Y al acostarse
se convierte en Atoum...
¡Y es también el dios Horus
que recorre el mundo
en una barca! Navega
vigilando a su eterna enemiga,
la gran serpiente del río. A veces
la gran serpiente se traga la barca
del Sol... ¡entonces se produce
un eclipse solar!
Para otros, el Sol era un huevo que
la Gran Gansa ponía cada mañana.

Le debemos la vida al Sol:

permite a las plantas
transformar el bióxido
de carbono en elementos
indispensables
para nuestra vida.
Los animales
carnívoros se comen
a los herbívoros,
que se alimentan,
a su vez, de plantas…
Y nosotros comemos de todo:
plantas, herbívoros y carnívoros.
¡Comemos Sol! Además,
nos permite respirar: gracias a él
las plantas fabrican el oxígeno
que necesitamos para vivir.

Los árboles, los cereales,
así como el carbón y el
petróleo (que se obtienen
de la descomposición de
las plantas), se los
debemos al Sol.

¡El Sol es prácticamente fuente de toda energía sobre la tierra!

Cada año, hace que millones de toneladas de bosques crezcan para darnos calor. La descomposición de plantas y árboles produce gas natural, petróleo y carbón.

Trampas para Sol.

Cuando los rayos del Sol pasan a través de las ventanas de un invernadero (1) caen como en una trampa; hace más calor dentro que fuera: ¡las plantas crecen allí más rápido! Gracias a las celdas fotoeléctricas sabemos transformar directamente la energía solar en electricidad.

En África, la electricidad producida por las celdas fotoeléctricas permite bombear el agua de los pozos.

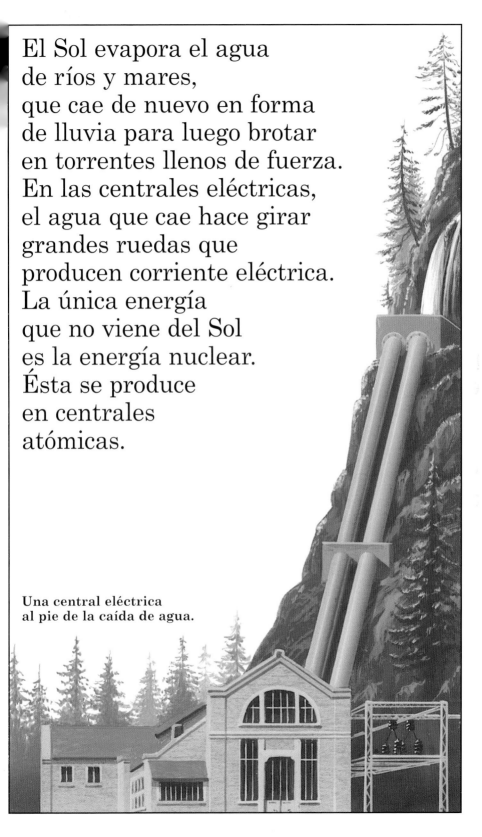

El Sol evapora el agua
de ríos y mares,
que cae de nuevo en forma
de lluvia para luego brotar
en torrentes llenos de fuerza.
En las centrales eléctricas,
el agua que cae hace girar
grandes ruedas que
producen corriente eléctrica.
La única energía
que no viene del Sol
es la energía nuclear.
Ésta se produce
en centrales
atómicas.

Una central eléctrica
al pie de la caída de agua.

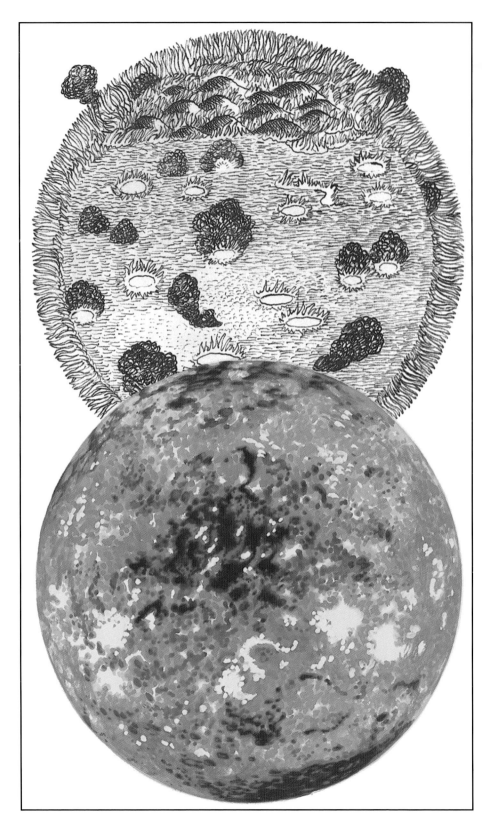

El Sol no es una bola de fuego.
Si fuera un enorme pedazo de carbón
se hubiera consumido al cabo
de 7 000 años. ¡Sin embargo brilla
desde hace mucho más tiempo!
**El Sol es una estrella, una bola
de gases muy calientes:**
¡la temperatura en su centro
es de varios millones de grados!
Su núcleo es una enorme bomba de
hidrógeno, pero es una bomba prudente
que ha estado explotando lentamente
desde hace cinco mil millones de años,
y que seguirá haciéndolo durante cinco
mil millones de años más. ¡El Sol está
a la mitad de su vida! Compara en esta
imagen cómo se imaginaban al Sol
en el siglo XVII y cómo lo podemos ver
ahora a través de un telescopio.

De la materia se escapa a veces un poco de Sol, sube al cielo y
vuelve a caer: es una erupción solar.

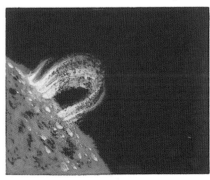
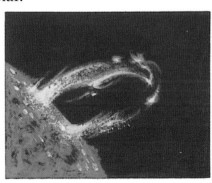

¡Cada día, el Sol parece recorrer el horizonte!

Por la mañana se levanta al Este. A mediodía está al Sur. Por último desciende para sumergirse en el Oeste. El cielo se oscurece, llega la noche.

El Sol se levanta al Este.

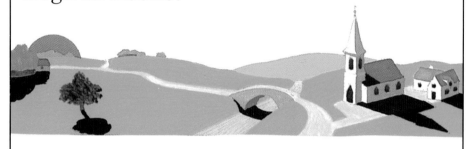

A mediodía está hasta arriba en el cielo: en su cenit.

Pero el Sol está inmóvil. Es la Tierra la que gira sobre sí misma y en 24 horas da una vuelta entera.

Se oculta al Oeste.

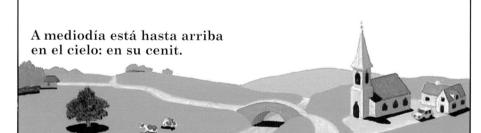

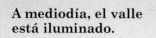

A mediodía, el valle está iluminado.

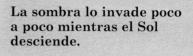

La sombra lo invade poco a poco mientras el Sol desciende.

Al poco tiempo sólo
las cimas se iluminan.

Por último, un avión
brilla en el cielo.

La Tierra gira alrededor del Sol.

Nos sentimos muy tranquilos en nuestro planeta. Como si estuviéramos inmóviles en el centro del cielo: esto es lo que creyeron los hombres durante mucho tiempo. Sin embargo, la Tierra hace un inmenso recorrido alrededor del Sol: ¡casi mil millones de kilómetros en un año!, el tiempo que duran las cuatro estaciones.

A este gran viaje
debemos las cuatro estaciones.
Pero no creas que en verano la Tierra
se encuentra más cerca del Sol.
Incluso es al revés. El calor del verano
se debe a que, como el Sol está más
lejos, su posición en el cielo sube,
sus rayos caen más verticales
sobre nuestras cabezas
y permanece más tiempo
encima del horizonte.

Es invierno: las noches son más largas que los días. Desde las cinco de la tarde oscurece.
En primavera, los días se vuelven iguales a las noches.

El Sol no sube tanto en el cielo, llegó el frío.

A la misma hora pero en otra estación, el Sol sube cada vez más en el cielo.

Los días son más largos, hay luz hasta entrada la noche: **es verano.**

Pero cuando llega **el otoño** los días de nuevo son iguales a la noche.

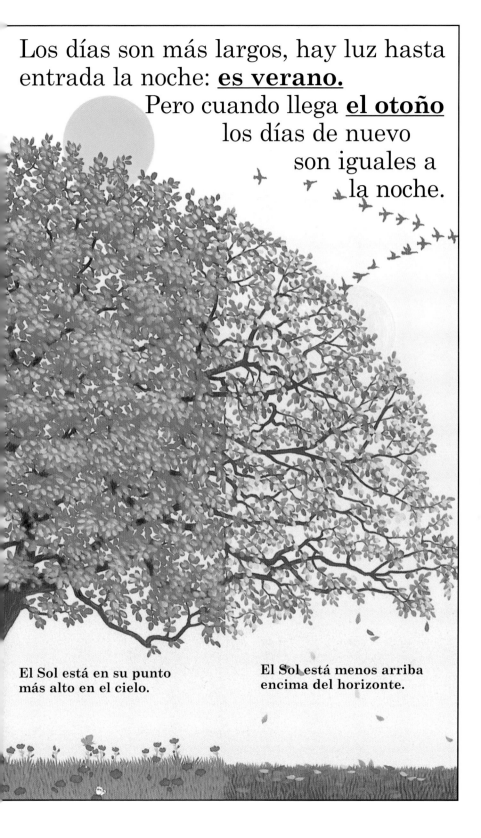

El Sol está en su punto más alto en el cielo.

El Sol está menos arriba encima del horizonte.

Dependiendo de dónde vivamos,
la duración de los días y de las noches
varía unas cuantas horas
durante el año. En el Ecuador
hay doce horas de día
y doce de noche durante todo el año.

El Sol de media noche
Pero en los polos, ¡el día dura seis
meses y la noche también! Durante
el verano el Sol parece girar
en el cielo sin ocultarse nunca.

A media noche se acerca al horizonte, luego sube pero sin desaparecer...

<u>Las auroras polares</u> son otro privilegio de los hombres del Polo Norte... y el Polo Sur. Verdes, púrpuras o doradas, son arcos luminosos que se despliegan en el cielo como grandes telones. ¡Puedes admirar una en la siguiente página!

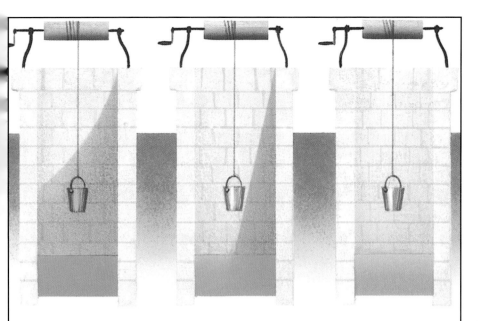

Vivimos a medio camino entre el Polo
Norte y el Ecuador: donde el Sol nunca
se encuentra vertical sobre nosotros.
Si vivieras cerca del Ecuador, verías
al Sol pasar justo encima de tu cabeza
a mediodía: entonces no hay ninguna
sombra en el suelo, y un pozo,
aun cuando sea muy profundo,
¡está iluminado hasta el fondo!

No sólo la Tierra gira alrededor del Sol. Otros ocho planetas lo hacen. Partiendo del Sol son: Mercurio (1), Venus (2), Marte (3), Júpiter (4), Saturno (5), Urano (6), Neptuno (7) y Plutón (8). La Tierra gira entre Venus y Marte.

También hay cometas, bolas de hielo que vienen de los confines del sistema solar, y meteoros, que son las piedras del cielo.

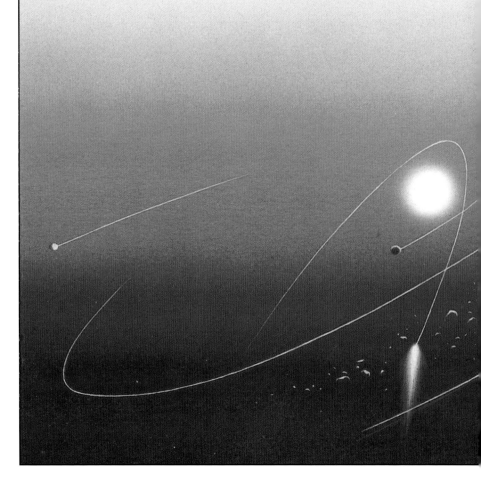

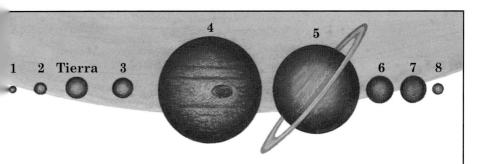

1 2 Tierra 3 4 5 6 7 8

Este es el tamaño de los planetas respecto al Sol.

Entre Marte y Júpiter ves muchas
piedras: se trata de pedazos de
un planeta que nunca logró formarse.

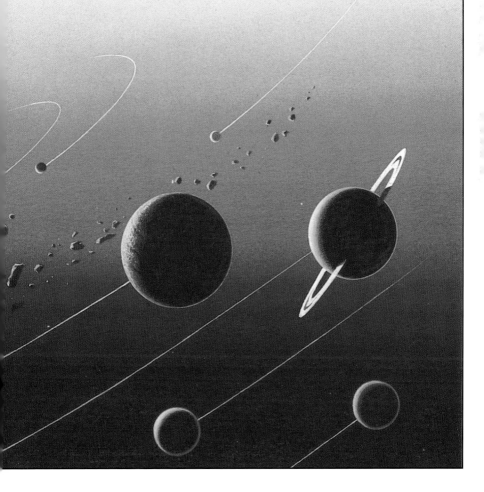

¿Cómo puede la Luna
esconder a veces al Sol?
¡Es mucho más chiquita
que él! Pero como está
más cerca de nosotros,
nos parecen del mismo
tamaño. Mientras
la Tierra da la vuelta
al Sol en un año,
la Luna da la vuelta a
la Tierra en un mes.
Aproximadamente
una vez por año, la Luna
pasa frente al Sol y lo esconde
durante algunos minutos:
se hace de noche en pleno día.

Sol

Luna

Tierra

¡Es un eclipse de Sol!
Únicamente pueden verlo
quienes estén entre las líneas
que unen al Sol y la Luna:
no puedes ver un eclipse
de Sol cada año… ¡a menos
que viajes mucho!

**Durante un eclipse, ¡las gallinas
se meten al gallinero a dormir!**

A algunos
animales les
encanta la noche,
como al murciélago.
¡Pero la mayoría de
los hombres, de los animales
y de las plantas prefieren el Sol!
¡Cuidado, no juegues a la lagartija!
¡El Sol puede quemar tu piel
o tus ojos si lo miras de frente!

El color blanco repele los rayos del Sol:

tendrás menos calor si vistes
de blanco, y las casas de
los países soleados a menudo
están pintadas de este color para
conservarlas más frescas.

El negro, por el contrario, absorbe calor:

vestido de negro tendrás más
calor, pero te enfriarás
más rápidamente
en la sombra.

El topo vive bajo tierra
y teme la luz del Sol.

Si observas tu sombra un día
de mucho sol, verás
que gira durante la mañana
y que su tamaño varía. A
mediodía te indicará la dirección
Norte-Sur. Es también el momento
en que tu sombra es más corta
porque el Sol está en su punto
más alto en el cielo.

Marcando el lugar
de tu sombra durante
todas las horas del día,
puedes hacer
un reloj solar.

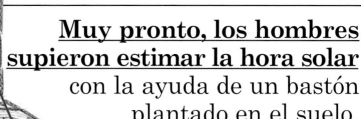

<u>Muy pronto, los hombres supieron estimar la hora solar</u> con la ayuda de un bastón plantado en el suelo. A este instrumento se le llama gnomon.

1

Luego el gnomon se perfeccionó y se volvió un **<u>cuadrante solar:</u>** ¡durante mucho tiempo fue la única manera de saber la hora! Se fabricaban cuadrantes no más grandes que un despertador, ¡que se podían llevar de viaje! (1)

2

Fachadas de iglesias, castillos y casas comunes y corrientes se adornaban con cuadrantes solares verticales (2).

¡Algunos cuadrantes solares en los jardines eran verdaderas esculturas! (3)

3

Sol de Monterrey

No cabe duda: de niño
a mí me seguía el sol.
Andaba detrás de mí
como perrito faldero;
despeinado y dulce,
claro y amarillo:
ese sol con sueño
que sigue a los niños.

Saltaba de patio en patio,
se revolcaba en mi alcoba.
Aún creo que algunas veces
lo espantaban con la escoba.
Y a la mañana siguiente,
ya estaba otra vez conmigo,
despeinado y dulce,
claro y amarillo:
ese sol con sueño
que sigue a los niños.

Alfonso Reyes
(México, 1889-1959)

Los mayas de Centroamérica,
los aztecas de México y los incas
de Perú adoraban al dios Sol.
Le construyeron templos
monumentales que
en el siglo XVI
sorprendieron a
los conquistadores
españoles.